섬의 시간

최재남시조집

목언예원

섬의 시간

지은이 · 최재남
펴낸이 · 민병도
펴낸곳 · 목언예원

초판 인쇄 : 2021년 7월 10일
초판 발행 : 2021년 7월 15일

목언예원
출판등록 : 2003년 2월 28일 제8호
경북 청도군 금천면 선바위길 53 (신지2리 390-2)
전화 : 054-371-3544 (팩스겸용)
E-mail : mbdo@daum.net

ISBN 978-89-94733-01-2 03810

저자와의 협의에 의해 인지를 생략합니다.
이 시조집은 2021 대구문화재단 경력예술인지원으로 발간되었습니다.

값 8,000원

섬의 시간

최재남시조집

■ 시인의 말

살다가 휘청하는 날은 습관처럼 단산지에 간다.
연못에 남겨두고 왔던 내 말과 생각과 마음들이
가득 차여 늘 출렁이는 곳!

거기에 가면 버려뒀던 나를 다시 만난다.
보내고도 지우지 못했던 그 기억들을
다시 언어로 빚어
소박한 두 번째 집을 짓는다.

2021년 유월

최 재 남

CONTENTS

섬의 시간

— 최재남 시조집

예서부터 시작되다

과속방지턱

지평선

물을 입다

적천사 은행나무

물그림자

통풍痛風

집, 이중주를 위하여

빈말

병실에서

내일은 꽃길

새벽 교차로

구십 계단

예서부터 시작되다

01

과속방지턱

골목길 끌고 가는 폐지 실은 리어카 한 대
샛노란 폴리스라인 앞 불심검문 걸렸다
다 쓰고 버려진 일상 주워 담았을 뿐인데

다그치는 경적마다 휘어지는 굽은 허리
무엇을 내려놓아야 또 하루가 넘어가나
점점이 느려지는 걸음 노을이 와 밀어준다

지평선

떠안은 기도 무거워 주저앉은 하늘과

오르려 발버둥 쳐도 어림없던 땅이 만나

달동네 골목에 보낼 달 한 덩이 낳는다

물을 입다

패션을 추구하는 나의 옷은 유죄다
어제 입고 오늘은 버려 수거함에 꽉 찬 브랜드
일회용 명품 아니어도 패스트패션 대세라

사막을 덮고 있는 티셔츠가 흉기라고
큰 바다 다 퍼가는 목화를 고발하며
뉴스 속 아랄해* 태그가 자막으로 지나간다

유행에 길을 내며 옷더미에 갇히는 물
한 가닥 실을 풀어 그 물줄기 잇는다
몸 안에 흥건하던 날개, 깃을 턴다 거울 앞

*목화를 키우기 위해 아랄해로 들어오는 물줄기를 돌려, 아랄해가 점점 줄어들어 지금은 사막화가 되었다. 면 티셔츠 한 벌 만드는 데 2,700L 물이 필요하다.

적천사 은행나무

절문에 들지 못하고
노숙중인 지팡이* 하나

석등에 불 켜지면
잎새마다 옮겨와서

팔백 년
가파른 산길을
밝혀주고 서 있다

*고려 때 보조국사 지눌이 짚고 다니던 은행나무 지팡이를 절 입구에 심었는데 나무로 자라났다고 한다.

물그림자

뒤집힌 세상 속을
물구나무 서는 오월

잔물결 갈 앉히던
호수가 받아 안는다

두 하늘
거머쥔 수면
밟고 가는 소금쟁이

통풍*痛風

꽃샘에 숨어 든 바람
떠날 생각 아주 잊더니

재계약 놓친 가장
무릎 뼈에 둥지 틀었나

살다가
휘청하는 날
그 바람 뼈 묶는다

*팔다리 관절에 염증이 되풀이되어 생기는 질환

집, 이중주를 위하여

고향집 처마 밑에 새끼 물고 들어온 제비

댓돌에 쌓이는 흰 똥 치우기 힘들어서

“가거라 딴 데 가거라” 손 내젓다 멈칫한다

남의 집 처마 밑에 전세로 매달려 사는

큰아들 둥지 속에 날아든 붉은 퇴거장

치솟는 삶의 임대료, 부목 다시 덧댄다

빈말

지어낸 눈웃음으로 약속했던 커피 한 잔

무심한 악수 위에 덤으로 얹은 밥 한 끼

온종일 퍼 나르고도 허기지는 말(言) 한 그릇

병실에서

칸칸이 벽을 쌓아 섬이 된 하얀 침대

수술은 끝난 지 오래 혼미한 기억에 실려

캄캄한 통증의 바다 표류하는 배가 있다

뱃멀미 앓고 있는 불혹의 지난날들

마음속 붉은 종양 떼내고 꿰매 가면

새벽은 붕대를 풀고 흰 부표를 띄운다

내일은 꽃길

비 오는 담장 아래로
속수무책 떨어졌을

꽃잎 가득 쌓여있다
저만치 앞선 차에

마지막
출근길 여는
홍매화의 젖은 배웅

새벽 교차로

갈 때와 멈출 때를
열고 닫는 사거리에

붉은 신호 껴안은 채
질주하는 트럭 한 대

아뿔싸
쏟아진 하늘에
번지는 핏빛, 고요

구십 계단*
—3.1 운동길

꺾어진 노래 품고
긴 겨울 견뎠구나

음정 박자 빼앗겨도
오선지에 그려 넣은 봄

맞잡은 동무 손 위로
꽃이 울컥 터진다

*학생들이 일본군 감시를 피해 만세운동 다니던 청라 언덕 길

예서부터 시작되다*
—황지연못

물에도 뿌리 있어 줄기 뻗어 자라나봐

바위틈 뚫고 솟아 무성하게 채운 연못

한 됫박 퍼주지 못한 그 곳간 다시 연다

가야할 길 천리라도 주저하지 않는다

실개천 손을 잡아 품을 넓힌 저 물줄기

목마른 마을을 돌아 은하처럼 흐른다

*낙동강 1,300리의 발원지를 알리는 비가 있으며 시주 대신 두엄을 퍼 준 황부자의 집터가 연못으로 변했다는 전설이 있다.

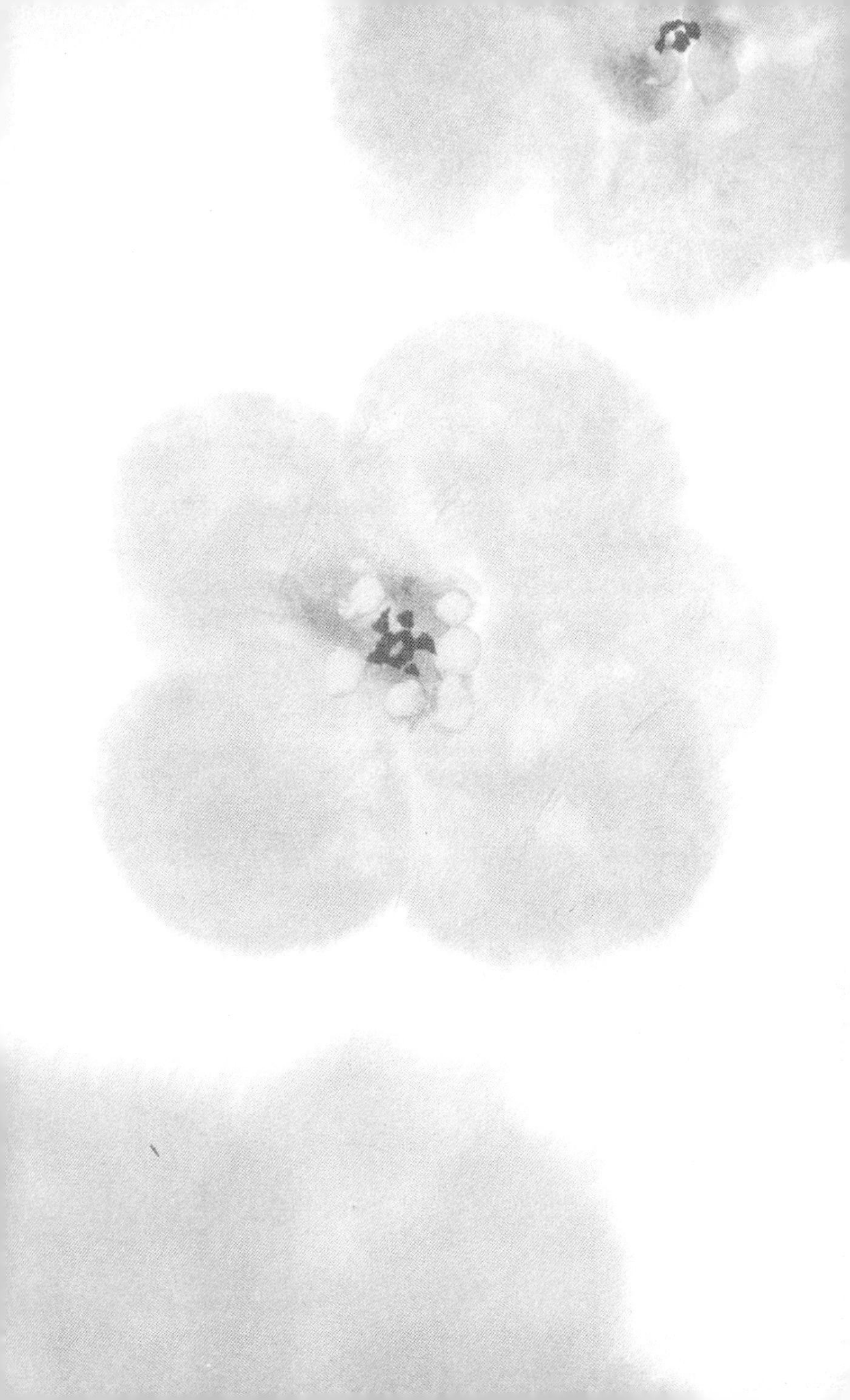

악보 없는 사랑

02

소리우물
–신재효 생가에서

소리 집 그 뒤란에
우물 하나 웅숭깊다

울고 싶은 사람들이
하나 둘 모여들어

한숨에 날개를 단다
도리화가* 지는 밤

*신재효는 아끼고 사랑했던 제자 진채선에게 '도리화가' 연가를 지어 보냈다

저녁 단상

어스름 골목길을
기대 걷는 노부부

무거운 짐을 부리나
기우는 한 어깨를

한사코
떠받쳐 올리는
저 앙상한 무게중심

섶다리
–하회에서

스무 살, 악보 없는 사랑
건너가며 패인 수심

흘리고 간 그리움이
달빛 속에 자라나서

돌아올
길 하나 엮어
물결 위에 세운다

불혹, 여진

낙엽처럼 구를까봐
꽁꽁 묶어 가둔 그리움

천길 땅속 아래
층층이 쌓았는데

비바람
불지 않아도
불쑥불쑥 뒤틀린다

목련

고개 숙여 살지 않겠다
땅 버리고 떠난 아들

주인 없는 빈 들판에
기약 없이 먼저 온 봄

밭둑을
지키던 나무가
하늘 향해 꽃잎 연다

얼음꽃

'얼음꽃' 가만 써놓고
향기 살짝 뿌렸다

손닿으면 녹아버릴
아리고 시린 숨결

봄 오면 떠나야하는
너의 눈물 닮았다

돌담

너 떠난 그 자리에
쌓지 못한 마음둘레

도무지 파내어도
줄지 않던 기억들을

포개어
까맣게 익혔다
이끼 돋는 가슴에

허수어미

한가위 귀성인파
공항을 빠져나간다

남겨진 안부 문자
보름달에 실려왔지만

마당가 서늘한 고요에
숨을 멎는 귀뚜리

팔십 평생 살아내고도
“왜 사노 왜 이리 사노”

반죽된 하얀 넋두리
밤새 빚고 있는

어머니 저문 창가를
달빛 홀로 지킨다

늦은 답신*

묵혀 둔 상자 열자 편지 한 통 눈을 뜬다

숨겨둔 섬처럼 둥둥 뜨는 젖은 꽃말,

시간을 무너뜨리며 밤새 나를 때렸다

'보고 싶다 기다릴게' 마지막 부름 앞에

이별을 알지 못해 외면했던 이십 년 전,

이제야 보내는 답신 '너무 늦어 미안해요'

*고 김화을 선생님을 생각하며

나는 몰따*

어머니 오두막집
눈 감아도 환할 텐데

부엌문 기대서서
“여 뉘 집이노, 나는 몰따”

한 칸씩
비워내 가는
구순 노모의 기억방

*모르겠다는 안동 사투리

기도

-사리암에서

돌아서면 천길 벼랑 구름 속 작은 암자에

어머니 치매노래 등에 지고 올라간다

바람이 그린 오선지 목에 걸린 비탈길

누군가 놓고 간 돌 그 위에 포개는 기도

돌아오라 돌아오라 찾고 싶은 당신 이름

길 잃은 새 한 마리가 탑 주위만 맴돈다

시간 거울
–어머님 · 1

요양병실 침대 한 칸
시계 멈춘 종착역에서

발 묶은 시어머니
닫았던 눈을 떴다

십수 년 먼 길 돌아온 딸
"엄마 내 왔어, 가지마…"

꾸지람 비수되어
끊어졌던 모녀 눈맞춤

내려다보는 눈물과
바라보는 피눈물이

뿌옇게 가렸던 마음
긴 시간을 닦아낸다

영정사진
–어머님 · 2

품 밖의 자식들이
돌아와 우는 빈소

말라버린 눈물샘에
육남매 담으시나

꽃무덤 뭉개지도록
눈을 감지 못하신다

흔적, 비우다
–어머님 · 3

살아온 집 벗으시고
남겨진 세간 더미

우루루 자식들 와서
싣고 떠난 늦은 오후

앞마당
반 남은 그늘로
하늘 한 채 들어선다

가난했던 물의 시간

03

수선

바람 든 무릎 위에
지나간 시간을 눕고

떨리는 손을 달래
가위를 드는 저녁

청바지 해진 허벅지
너도 뼈가 허옇다

돋보기 고쳐 쓰고
서걱서걱 잘라 낸 뒤

팽팽히 당겨보아도
어긋나는 무릎과 무릎

창 밖에 버려두었던
별빛 한 줌 덧댄다

호오이
—숨비소리

저토록 너른 바다에
숨구멍 하나 없어

바닥깊이 박힌 삶이
턱까지 차오르면

호오이
바늘구멍 같은
천지 다시 뚫는다

갈릴리 물안개

소리 없이 붉어지는 갈릴리 저녁바다

물결하나 일지 않고 제 가슴 다 태우더니

하얗게 일어서는 바다, 수평선이 풀린다

밤새 그물 던져도 가난했던 물의 시간

하늘이 흘러들어 그 바다 다 메우자

베드로 빈 배에 올라 그물 다시 던진다

골다공증

실개천 끊긴 해변가
구멍 뚫린 섬 바위들

흘러 간 시간들이
밀물에 다시 실려와

붉은 밤* 못다 건진 노래
쏟아놓고 부서진다

둥글게 번지는 파문
삭아가는 흰 뼈마디

용암동굴 숨어 울던
바람이 고여 들면

바다도 깨우지 못한
징소리가 새나온다

*제주도 4 · 3 사건

울진 금강송 앞에서

하늘을 떠받치는 게 십이령만 아니라고

도려나간 가슴 안고도 휘지 않은 금강송*

골수를 훑어 짜내던 왜倭바람도 엎드렸다

살아서 해야 할 일 푸른 왕조 지키는 것,

흩어진 노래 모아 산새들 돌아오자

칠십 년 멈췄던 나이테 붉은 숨이 부푼다

*일제말기 자원이 부족한 일본군이 송진을 항공기 연료로 사용하려고 소나무를 깎아 파낸 상처가 아직도 아물지 않고 있다.

설잠교*에서

매화 심어 달 부르면 탑도 슬몃 기울어

사각사각 먹 가는 소리 가슴마저 깊은 계곡

먼 귀를 씻는 물소리, 하산 길을 잡는다

꽃은 지고 달만 남아 끊어진 길 이었는지

산머리 천사구름이 꿈결인 듯 피어나고

신화의 책장을 넘기는 바람만 수척하다

*경주남산 용장골에 있는 김시습 법명 다리

늦봄

꽃길 따라 봄 온다고
나비야 우기지 말라

담장 밖 벚꽃더미
와르르 무너진 뒤

날아온
합격 통지서,
고시원의 꽃씨란다

먼지의 이력

걷어 들인 빨래 더미 옷 먼지가 수북하다

물살에 내맡겨도 못 헹군 땀의 지문

볕살에 털어낼수록 보풀처럼 일어난다

잔설

햇살조차 외면하는 바위틈에 쪼그려
남은 흔적 지우려다 서로를 껴안는다
하얗게 얼룩진 그늘, 그마저도 꿈인 듯

가늘어진 숨으로도 이 겨울 다 적시나
뿌리째 목이 말라 야위어진 이끼가
차가운 손을 붙잡고 푸릇푸릇 일어선다

담쟁이

–취업준비생

지탱할 가지 하나 지니지 못했지만

하늘 향해 우뚝이 서본 적 없었지만

어디든 뻗어 가야 할 꿈을 엮어 벽에 건다

가파른 창살 위를 발끝으로 기어올라

슬픔마저 쏟아내고 배경으로 걸린 푸른 꿈

꽃 한번 피우지 못하고 붉어진 채 마른다

하회에서

기러기 아픈 발자국 어지러이 남은 강변
성글은 모래 바닥엔 물기 한 줌 없는데
난만히 잡초만 자라 강을 자꾸 지워간다

햇살을 쏘아대던 사금파리 흰웃음 위로
들꽃인 듯 피어나서 저 강변 휩쓸어도
모래는 물가에 남아 밤새 제 몸 닦는다

조약돌 부서진 상처 강을 지켜 살리듯이
품지 못해 버려진 시간 탈춤으로 껴안으면
굽이쳐 휘돌아가야 할 물길 다시 열린다

사레들린 도시

줄을 잇는 택배상자
분류하는 이른 새벽

뱉지도 삼키지도 못해
조여드는 숨으로

개수에 저당 잡힌 시간,
로켓배송 달린다

서 있는 의자*

앉으면 안 된다고
두 발로 버틴대요

꼿꼿이 서야 한대요
손님이 있든 없든

의자도 일어섰어요
부은 다리 받쳐주려

*서서 일하는 대형마트 판매직원들을 위한 걸터앉을 수 있는 의자

걸어서 닿는 섬

04

단산지* 가로등

단산지 붉은 밤은 바닥부터 차오른다
몸 깊이 품었던 공산 하늘로 돌려세우면
오래된 시간을 켜듯 알전등이 켜진다

저물던 한 왕조의 발길 오래 머물던 곳,
보내고 지우지 못한 기억들만 고여 들어
밤마다 등불을 내려 긴 문장을 엮는다

내게서 멀어질수록 깊어지는 간절함처럼
개구리 울음소리 잦아드는 새벽녘엔
물안개 그 가슴에 얹혀 불빛 새로 길어진다

*대구 팔공산 자락 봉무동에 있는 연못

배롱나무
—신숭겸 유적지에서

파군재 돌아가면 울컥 붉은 기억 산다

왕산에 별이 지고 나팔소리 잦아들 때

바람이 환복을 도와 나무가 된 장절공*

천년이 지나도록 벗지 못한 홍포위로

신열이 도지는 여름, 터지는 피멍울들

저 살내 마른 물소리 담장 아래 절뚝인다

*태조 왕건이 신숭겸 장군의 죽음을 슬퍼하여 내린 시호

부목浮木

창가의 해피트리 안색이 창백하다

한 계절 푸른 날들 느닷없이 놓쳐버리고

가난한 도시의 성자 알몸으로 서 있다

움켜쥘 뿌리도 없이 내어준 곁가지들

건드리면 꺾어질 듯 말라가는 시간 속에

버팀목 세우는 허공, 햇살 한 줌 감긴다

날아라 갈매기

바닷가 모래톱에 걸려있는 흰 마스크
한기 든 갈매기가 이불인 냥 낚아챘다
두 줄에 엉키는 다리, 꽁꽁 묶여 퍼덕인다

제 생을 다 주고도 바람길 덫으로 놓인
누군가의 하루치 숨 지켜주던 방패막이
자른다, 볼모잡힌 날개 다시 날 수 있도록

가을 나무
—중년

하루 스무 시간 세일즈로 살아가도
팔 수 없는 단 한 가지 아버지 이름 석 자,
쪽잠 든 새벽을 깨워 경매길 또 나선다

길가의 나무처럼 뿌리내린 비정규직
두 남매 옹골찬 씨앗 여무는 늦가을에
맥없이 오르던 신열 골육종인 줄 몰랐다

가로수 마른 그늘 바람이 걸어가고
뼛속이 다 녹아서 선 채로 말라가는 다리
여남은 단풍잎 몇 개 시린 발등 덮어준다

야화夜花

단산지 산기슭에 전기꽃이 켜졌다
키 낮은 수풀에 가려 해종일 캄캄하더니
물관에 전류 흐르자 피어나는 흰 백합

배경이 어두워야 빛이 나는 반딧불처럼
도시의 뒷골목을 밝혀가는 환경미화원
플러그 뽑는 새벽엔 향기마저 깊어진다

모소대나무*

도대체 뭐했냐고
햇살이 톡 쏘며 가고

여태도 그 모양이냐며
바람이 툭 치며 가도

묵묵히
내리는 뿌리
기다림인 줄 흙은 안다

*모소대나무는 4년 동안은 전혀 자라지 않다가 5년 째 되는 해부터 매일 30cm씩 자라기 시작해 6주 만에 15m 이상 자란다.

댓돌

들어가고 나가는 일
세세히 받아 적는다

선명한 발의 지문
닳아 아픈 기억까지

문고리 잡아 챈 바람도
신발 벗고 내려선다

박석薄石

비바람에 쓸려 나간
마당에 돌을 깐다

소낙비 쏟아져도
겅중겅중 건너도록

날마다
징검돌 놓아
기다리는 어머니

노두길*
—증도에서

마침내 저를 비워 바다가 길 열었다

누천년 바라만보다 화석으로 굳은 사연

걸어서 닿아야 하는 섬의 시간 잇는다

바람이 닦아내도 질펀하게 빠지는 삶

외발로 건너가는 별**, 발자국이 뜨겁다

바다가 돌아오기 전 고쳐 신는 고무신

*갯벌 위에 돌을 놓아 섬과 섬을 건너다니던 징검다리
**증도를 복음화 시킨 문준경 전도사

밤 분수

어두워야 일어나는
체육공원 바닥분수

잠갔던 가슴 열면
솟구치는 오색 물빛

부서져
다시 고여든다
뼈가 하얀 무지개

선거유세

흩어진 광장 의자 나란히 줄 맞추려

두 무릎 구부리고 눈빛 모아 세우면서

거칠게 흩어지는 말, 온통 네 탓 네 탓이야

어느 봄날에

마음 준 적 없으면서 밀접접촉 하였다고
한 평 방안으로 위리안치 판결받았다
내 안에 숨겨둔 일탈 일촉즉발 어찌 알고

빼꼼히 넣어주는 끼니와 눈빛 속에
문밖은 접근 말라는 경계도 올려놓고
방문을 사이에 두고 가동시킨 안전 앱

스스로 나를 묶어 가둘 생각 없었다
아차하면 걸려드는, 코로나 공범으로
한지붕 외딴 섬에서 혼자 핀 봄, 꽃이 진다

05

한 그릇 바다를 마시고

달 그릇

–방짜유기 박물관에서

아버지 밥상 위에
노랗게 물든 그릇

하늘 계신 할머니가
달을 덜어 보냈나 봐요

밤마다 그리움 펴는
망치소리 들려요

미역국

어미 품 빠져나와 홀로 맞는 생일 아침

마르고 비틀어진 미역 한줌 끓인다

한 그릇 바다를 마시고 문을 나선다, 알바섬에

반란

끌고 온 길들이 모여
첩첩 쌓인 산중턱에

힘에 부쳐 놓쳐버린
이정표 다시 찾는다

저 하나
믿으라던 길
모른척 버틴다, 내비게이션

다림줄

내 꿈 위에 올려놓고
끼워 맞춰 보려 했지

팽팽한 줄을 매고
추를 달아 어긋남 없게,

구겨진 이력서 몇 장
무너지는 딸아이를

나비의 꿈

봉무동 나비집은 사시사철 환한 교실

웅크린 터널 지나 제 몸을 뚫고 나온

더듬이 끈끈한 촉수가 꽃그늘을 낚아챈다

몇 번의 허물 벗어 두 날개 달 수 있나

견뎌낸 생태학습 유리 속에 부화되면

창밖에 서성이던 봄 발소리를 멈춘다

건조기

시급에 흠뻑 젖은
단벌옷 다시 입는다

25시 편의점의
겨울밤을 파는 아들

새벽이 돌돌 말리면
햇살방에 몸을 넌다

풍경
–12월

달력도 비정규직
계약만료 멈춰선 날

바람도 제가 온 길
돌려주고 떠나는데

십년 째
자기소개서
다시 쓰는 호모인턴스*

*인턴 생활만 반복하는 취업준비생

청소시간

돌돌 말린 지우개 가루는
구구단 틀린 대답

짝꿍 몰래 살살 밀쳐
책상 밑에 숨겼는데

어쩌나
빗자루 반장한테
몽땅 잡혀 나왔네

파도

하얀 복면 쓰고
우르르 몰려와서

두꺼비 모래성을
툭툭 치고 도망간다

날마다 새로 짓는 집
마를 날이 없겠다

오리배

물가에 모여 앉아
온종일 꾸벅꾸벅

바람이 놀러 와도
모른 척 돌아앉는다

혼자서 수영 못하는
비밀 탄로 날까봐

간극

팽팽하게 흘러가던
고속도로 무너진다

느닷없이 끼어 든 차
뒤엉키고 부서져서

남겨둔 너와의 여백
길 하나 또 지워졌다

선을 넘다

벽돌로 이어놓은 선, 그 위에서 멈춘 시간
넘지 못해 걸려있는 바람의 국경같다
계절도 팽팽히 맞서 꽃피지 않는 분계선

뜯겨진 대문처럼 덜컹대던 칠십 년,
"언제 넘을 수 있나요. 지금 넘어 오시라요"
맞잡은 두 손에 얹혀 봄이 먼저 넘는다

*2018년 4월 27일 판문점에서 남북정상회담 하는 날 두 정상이 손을 잡은 채 남북 분계선을 서로 넘나들었다

원정매

겨우내 열어둔 대문
누구를 기다렸나

매화집 빈가지에
바람 아직 서늘한데

산 너머
찾아온 매향
초롱마다 불을 켠다

06

발문

근원에 대한 성찰과 소외된 삶들에 대한 연민

조 동 화 | 시인

1

사람이 마음으로 시를 빚는 일은 식물로 치면 꽃피는 일이라고 생각해 본 적이 있다. 이른 봄 산과 들에 어린 새싹들이 파릇파릇 고개를 내밀거나, 나뭇가지마다 연푸른 새순이 하늘을 배경으로 돋아나는 일은 더없이 깨끗하고 청신하다. 그러나 저마다의 오묘한 색깔과 향기로 때맞춰 피워 올리는 꽃들이야말로 모든 아름다움 가운데서도 단연 으뜸이라고 할 것이다. 그럴진대 시인이 깊은 사유思惟를 통해 피워내는, 더러는 온 밤을 꼬박 밝혀 다듬어내는 시편들이야말로, 어찌 그 사람 마음의 꽃나무가 혼신의 힘을 다해 터뜨리는 아름다움의 극치가 아닐 것인가.

그렇다면 시 가운데서 특히 민족시 시조를 쓰는 일에도 그 각별한 의미가 없을 수 없다. 유구한 역사 속에서 발원하여 멀게는 신라 향가에 그 뿌리를 묻어두고 면면히 민족의 역사와 함께 뻗어갈 민족시라면, 이것을 가꾸는 일이야말로 민족문화에 향기를 더하는 일이요, 어느 민족과도 다른 독특한 한국인의 교양 그

자체를 쌓아가는 일이며, 또 가장 한국적인 아름다움의 정수精髓를 추구하는 일이 될 것이기 때문이다.

며칠 전 최재남 시인이 전화를 해서 발문을 써 달라는 부탁을 해왔다. 그때 문득 전에 어느 자리에선가 조우했을 때, 최재남 시인이 불쑥 시집 발문을 써줄 수 있느냐고 묻기에 별 깊은 생각 없이 써 주마고 약속했던 기억이 떠올랐다. 나이가 쌓여감에 따라 체력도 사유도 옛날 같지 않다는 생각을 이따금씩 하곤 하지만, 약속은 약속인지라 수락하지 않을 수 없었다. 덕분에 한 시인의 정성과 열정을 다한 작품들의 면면을 살피고, 곁들여 소견을 말할 수 있는 기회까지 갖게 되었으니, 이 어찌 즐거움이 아니겠는가.

2

원고를 받아 두어 번 통독하는 동안 가장 먼저 내 마음에 반향을 불러일으킨 대목은 사물의 근원에 대한 성찰이다. 먼저 물의 근원에 대한 작품부터 살펴보기로 하자.

물에도 뿌리 있어 줄기 뻗어 자라나봐

바위틈 뚫고 솟아 무성하게 채운 연못

한 됫박 퍼주지 못한 그 곳간 다시 연다

가야할 길 천리라도 주저하지 않는다

실개천 손을 잡아 품을 넓힌 저 물줄기

목마른 마을을 돌아 은하처럼 흐른다

—「예서부터 시작되다」 전문

이 작품은 남한의 가장 긴 강이자 영남지방의 젖줄로 강원도 황지에서 발원하는 낙동강의 근원인 황지연못을 돌아보고 쓴 작품이다. 세상의 어떤 강이든 근원이 없는 강은 없다. 황하나 양자강 같은 큰 강도 반드시 대륙 몇 만 리 저쪽 어느 산골짜기 작은 옹달샘에서부터 발원하기 때문이다.

"바위틈 뚫고 솟아 무성하게 채운 연못"은 다름 아닌 낙동강의 근원인 황지연못인데, 시인은 이것을 바라보며 물도 뿌리가 있어 줄기를 뻗어 자라는가 보다고 상상을 펼친다. 그 연못은 시주 대신 두엄을 퍼 준 인색한 황부자의 집터가 연못으로 변했다는 전설이 서린 곳인데, 못 가에는 낙동강 1,300리의 발원지임을 알리는 비석이 서 있다.

강은 아래로 흐를수록 품이 넓어진다. 이 골 저 골의

실개천들이 모여들면서 수량을 더해주는 까닭이다. 강은 결코 제 길을 서두르는 법이 없다. 첩첩한 산들이 앞을 막아설 때마다 난초이파리 휘어지듯 먼 산굽이들을 휘감아 천천히 돌아 묵묵히 제 길을 간다. 무수한 마을들과 들판들을 먹이며, 은하처럼 유장하게 흘러 끝내는 먼 바다에 닿는 것이다.

사람들은 대개 중류지대에 살면서도 최상류인 처음에 대해 궁금해 하지 않는다. 그러나 시인은 우리 땅을 흐르는 강의 발원지를 찾아보고 이렇듯 비석의 문구를 제목 삼아 시 한 수까지 쓰고 있음을 보면, 근원을 알고자 하는 욕구가 남다름을 확인하게 된다.

시인의 물에 관한 작품으로 또 하나의 근원에 대한 성찰을 보기로 하자.

패션을 추구하는 나의 옷은 유죄다
어제 입고 오늘은 버려 수거함에 꽉 찬 브랜드
일회용 명품 아니어도 패스트패션 대세라

사막을 덮고 있는 티셔츠가 흉기라고
큰 바다 다 퍼가는 목화를 고발하며
뉴스 속 아랄해* 태그가 자막으로 지나간다

유행에 길을 내며 옷더미에 갇히는 물
한 가닥 실을 풀어 그 물줄기 잇는다

몸 안에 흥건하던 날개, 깃을 턴다 거울 앞

—「물을 입다」 전문

이 작품에는 구소련이 아랄해로 흘러드는 큰 강의 물줄기를 사막으로 돌려 목화를 재배함으로써 수출고를 올리는 사이, 세상에서 네 번째로 큰 염호鹽湖인 아랄해의 대부분이 사막화한 비극이 배경으로 깔려 있다. 그러니까 세계 여러 나라들이 과잉 생산된 목화솜을 헐값으로 수입하여 무명 티셔츠, 혹은 무명 내의들을 입고 마구 흥청거리는 사이, 중앙아시아 아랄해 지역에서는 혹독한 자연재해로 수많은 사람들이 실향민이 되거나 몸에 병을 얻어 죽어가는 등의 아픔을 겪고 있었다는 사실이다.

첫째 수 초장에서 "패션을 추구하는 나의 옷은 유죄다"라고 단호하게 단죄斷罪한 이면에는 아랄해의 이러한 비극이 도사리고 있다. 너나없이 "어제 입고 오늘은 버려 수거함에 꽉 찬 브랜드"라는 대목은 물질적 풍요라는 저주 속에 유기된 현대인의 무절제한 낭비를 직격直擊한 대목이다. 그리하여 시인은 그 모두가 일회용을 부추기는 패스트패션 탓이라고 노래한다.

둘째 수는 이 작품의 하이라이트에 해당한다. 우리나라 면적 3분의 2에 해당하는 68,000㎢나 되는 아랄해의 80%가 말라 완전히 사막화되는 바람에 주변 1,000㎞ 지역이 소금 바람의 피해를 입고 있다는 것이 아랄해 비극의 실상이다. 이러한 결과는 구소련 시절에 아랄해로 흘러드는 시르다리야 강과 아무다리야 강의 물길을 막아 사막으로 빼돌려서 목화재배를 한 데 기인한다. 면으로 된 티셔츠 한 벌 만드는 데 2,700ℓ의 물이 필요하다는 주註는 그 사실을 말한 것이다. 이론상으로는 지금이라도 고스란히 옛 지형을 복구시키고 강물을 옛날처럼 흐르게 한다면 아랄해의 회복은 수십 년 내 가능하다는 결론이 나온다. 그러나 구소련은 이미 해체되어 추궁 받아야 할 대상은 지상에서 사라졌고, 아랄해의 남과 북을 우즈베키스탄과 카자흐스탄이 각각 차지함으로써 국가 간의 이해가 서로 상충하여 아랄해의 완전한 회복은 영영 요원한 일이 되어 버린 것이다.

셋째 수는 '옷이 곧 물이다'라는 공식을 적용한 부분이다. "유행에 길을 내며 옷더미에 갇히는 물"은 시인의 상상 안에서 물이 곧 옷이 되고 옷이 곧 물이 되는 변용에 해당한다. 사막에서 티셔츠 한 벌을 짓는 데 드는 솜을 생산하려면 2,700ℓ의 물이 필요했다. 그렇다면 티셔츠 10벌만 해도 27,000ℓ 물이 소모되었다는 계산이 나온다. 만약 헌옷 수거함에 스무 벌의 티셔츠가 담겼다면 자그마치 54,000ℓ의 물이 거기 내버려져 속절없이 갇혀 있는 셈이다. 시인은 그것이 안타까워 본래 물이었던 한 가닥 실을 풀어 물과 물을 이어주려 해보지만, 고작 거울 앞에서 옷이라는 날개의 깃을 털어볼 뿐이다.

자, 그러면 이쯤에서 다시 생명의 근원 탐구로 넘어가 보기로 하자.

한가위 귀성인파
공항을 빠져나간다

남겨진 안부 문자
보름달에 실려왔지만

마당가 서늘한 고요에
숨을 멎는 귀뚜리

팔십 평생 살아내고도
"왜 사노 왜 이리 사노"

반죽된 하얀 넋두리
밤새 빚고 있는

어머니 저문 창가를
달빛 홀로 지킨다

—「허수어미」 전문

어버이는 모든 인간의 생명이 시작된 근원이다. 그중에서도 특히 어머니는 열 달 동안 자궁 속에 품어서 키워주고, 낳아서는 젖을 물려 기르신 생명의 근원이자 은인이다.

허수어미는 허수아비의 상대어이지만 옛날에는 허수아비라는 말만 쓰였다. 국어사전에 허수아비라는 말은 나와도 허수어미라는 말은 나오지 않는다는 것이 그 사실을 말해준다. 그러나 요즈음 인터넷에서 이미지 검색을 해보면 허수어미가 다양한 모습으로 검색된다. 추측컨대는 허수아비를 관광객들에게 보여주기 위해 만들 때 특히 여자 옷을 입혀 만든 경우는 '허수'에다 '어미'를 붙여 부르기 시작하면서 신조어 허수어미가 만들어졌으리라.

그렇다면 이 작품에서는 왜 어머니가 아닌 허수어미라는 제목이 붙었을까? 어머니는 지난날 가족들의 식사를 마련하는 책임자에다 자라나는 아이들에게는 사랑의 화신이자 예의범절과 모든 지식까지도 책임지고 가르치는 선생님이기도 했다. 그러나 그런 어머니도 80고개 정도 넘어서면 거동이 불편해지고 지능도 아기의 지능처럼 낮아지게 마련이다. 어머니 자신도 이따금씩 맑은 정신이 돌아올 때 모든 면이 정상적이었던 지난날을 생각해보면 기가 막힐 것이다. 자식들은 오히려 그런 어머니를 배려하는 경우가 보통이지만, 어머니 자신은 정신 줄을 놓다시피 한 스스로를 돌아

볼라치면 진작 죽지 못하고 살아 있는 자신이 더러는 민망스럽기도 할 것이다.

그런 의미에서 "왜 사노 왜 이리 사노"라는 자책은 단순한 엄살이 아니다. 오히려 어머니의 진심일 가능성이 크다. 그러나 사람의 명이란 어찌 사람의 마음대로 되던가. 신께서 허여許與하신 만큼은 목숨의 운명이 힘들더라도 끝까지 가누어 가야함이 인간의 도리요 순명順命인 것을….

어머니 오두막집
눈 감아도 환할 텐데

부엌문 기대서서
"여 뉘 집이노, 나는 몰따"

한 칸씩
비워내 가는
구순 노모의 기억방

—「나는 몰따」 전문

이 작품 역시 「허수어미」의 연장선상에 놓여 있다. 시집온 이후 줄곧 살아온 정든 오두막집이야 정말이지 눈 감아도 환할 법도 한데, 어느 날 문득 어머니는 부엌문에 기대서서 "여 뉘 집이노, 나는 몰따"라고 뇌

신다. 치매 증세가 갈수록 깊어지고 있다는 증거이다. 왜 신은 수많은 인간들에게 치매라는 형벌을 내리시는 것일까? "한 칸씩/ 비워내 가는/ 구순 노모의 기억방" 이라는 진술에서는 모습도 기억도 낮달처럼 이지러져가는 어머니의 기억력을 지켜보는 자식의 아픔이 갈피갈피 묻어나고 있다.

살아온 집 벗으시고
남겨진 세간 더미

우루루 자식들 와서
싣고 떠난 늦은 오후

앞마당
반 남은 그늘로
하늘 한 채 들어선다

—「흔적, 비우다」 전문

앞서의 두 작품은 정신 줄을 자주 놓치시는 어머니를 노래했는데 반해 이번 작품은 어머니가 돌아가시고 장례까지 치른 뒤의 한 순간을 포착한 작품이다. 돌아가신 분은 친정어머니이거나 시댁의 어머니일 것이다. 죽은 사람은 수십 년 살아온 집을 헌옷처럼 벗

어두고 떠났는데 세간살이는 고스란히 남았다. 장례가 끝난 후 자식들은 우루루 빈집에 몰려와서 각기 필요한 대로 쓸 만한 것들을 싣고 떠나갔다. 바로 그때다. 시인의 매운 눈썰미는 종장에서 보는 그대로 "앞마당/ 반 남은 그늘로" 들어서는 "하늘 한 채"를 그예 찾아내고 있다.

자유시를 쓰는 마경덕 시인의 시에 「연장통」이라는 시가 있다. 목수였던 아버지의 장례식을 마친 후 아홉 자식들이 유품으로 두고 간 연장통에서 하나씩 연장을 챙겨 떠나는 장면이 나온다. "망치는 부산으로, 톱은 서울로, 줄자는 울산, 말라붙은 먹통은 분당으로, 아버지는 그렇게 아홉 번을 찢어지셨다."라는 진술이 인상 깊은 시다. 나는 그때 그 시를 읽으며 참으로 가상한 자식들이라는 평점을 마음으로 준 바 있다.

그런데 여기 최재남 시인의 「흔적, 비우다」에서는 한 가지도 구체적 사물이 등장하지는 않는다. 다만 자식들은 장례식 후 잡다한 세간 더미에서 뭔가 필요한 대로 몇 가지씩 어머니 기억들이 서린 물건들을 챙겨 떠났다. 이제 남은 유품을 챙길 사람은 시인 자신이다. 아마도 시인은 몇 가지 유품 외에 더도 덜도 말고 생전의 어머니께서 날마다 허전히 눈에 담곤 했을 그 텅 빈 하늘 한 채도 가슴으로 품고 떠나지 않았을까?

3

최재남 시인의 시조에서 두 번째로 마음에 어필해 온 것은 소외된 삶들에 대한 따스한 연민이다. 자신이나 자신의 피붙이를 넘어 다른 사람들에게까지 연민의 눈길을 보내는 일은 그 누구를 막론하고 마음의 여유를 필요로 한다.

떠안은 기도 무거워 주저앉은 하늘과

오르려 발버둥 쳐도 어림없던 땅이 만나

달동네 골목에 보낼 달 한 덩이 낳는다

—「지평선」 전문

이 작품의 내디딤은 단도직입이다. 보법에 하등의 망설임이 없다. 지평선은 하늘과 땅 둘이서 가로 그은 금 하나를 사이에 두고 위아래로 만난다. 시인은 하늘더러 “떠안은 기도 무거워 주저앉은 하늘”이라 하고, 또 땅더러는 “오르려 발버둥 쳐도 어림없던 땅”이라고 명명한다. 실로 단호한 내디딤이다.

그런데 느닷없이 그 하늘과 땅이 “달 한 덩이”를 낳는다. 그 달은 온 세상 사람들을 위한 달이 아니라 달동네 골목으로 보낼 달이다. 물질적 풍요를 누리는 사람들은 달이 떠오르든 말든 상관하지 않고 살지만, 달동네 사람들이야말로 달을 달로 바라보는 여유를 가진 사람들임을 시인은 진작부터 알고 있기 때문이다. 실로 타고난 선함의 발로를 여기에서 목격하게 된다.

골목길 끌고 가는 폐지 실은 리어카 한 대

샛노란 폴리스라인 앞 불심검문 걸렸다

다 쓰고 버려진 일상 주워 담았을 뿐인데

다그치는 경적마다 휘어지는 굽은 허리

무엇을 내려놓아야 또 하루가 넘어가나

점점이 느려지는 걸음 노을이 와 밀어준다

—「과속방지턱」 전문

이 작품 역시 「지평선」과 같은 연장선상에 있는 작품이다. 폐지를 리어카에 싣고 힘겹게 끌고 가는 노인이야말로 바로 달동네 소시민이기 때문이다.

과속방지턱은 차량의 주행 속도를 강제로 낮추기 위하여 길바닥에 설치하는 턱으로 일종의 도로 안전시설이다. 일반적으로 주거 환경이나 보행자 보호를 위하여 설치하며, 일정한 규제에 따라 황색 선 따위로

표시한다. 그런데 역설적이게도 이 과속방지턱이 폐지를 잔뜩 싣고 가는 리어카에도 장애물이기는 마찬가지이다. 과속방지턱의 높이가 별것 아니다 싶어도 리어카를 힘겹게 끌고 가는 노인들에게는 혼신의 힘을 써서 끌어야 넘을 수 있는 오르막인 것이다. 시인은 폐지 리어카가 과속방지턱을 만나 주춤하는 장면을 "샛노란 폴리스라인 앞 불심검문 걸렸다"라고 재치있게 표현한다. 그리고 그 불심검문에 대한 대답으로 "다 쓰고 버려진 일상 주워 담았을 뿐인데"라고 역시 재치 있는 볼멘소리를 적소適所에 배치하기를 잊지 않는다.

자신의 키보다도 높은 폐지더미를 끌고 가는 노인은 지금 막 과속방지턱을 안간힘을 써서 천천히 넘어가고 있다. 그새 자동차 한 대가 다가와 뒤에서 빵빵거린다. 그 다급한 상황을 시인은 "다그치는 경적마다 휘어지는 굽은 허리"라고 표현한 다음, "무엇을 내려놓아야 또 하루가 넘어가나"라고 반문한다. 저만치 천천히 멀어져가는 폐지더미 위로 막 물든 저녁놀이 비치고 있다. 바로 여기서 시인은 물활론적物活論的인 사고를 통해 "노을이 와 밀어준다"라는 절묘한 표현을 또한 놓치지 않고 배치한다.

지탱할 가지 하나 지니지 못했지만

하늘 향해 우뚝이 서본 적 없었지만

어디든 뻗어 가야 할 꿈을 엮어 벽에 건다

가파른 창살 위를 발끝으로 기어올라

슬픔마저 쏟아내고 배경으로 걸린 푸른 꿈

꽃 한번 피우지 못하고 붉어진 채 마른다

—「담쟁이」 전문

'취업준비생'이라는 부제가 붙은 그대로 취업준비생을 벽을 타고 오르는 담쟁이에 비겨 그 고달픔을 노래한 작품이다. 과거에는 경제 발전과 함께 일자리가 널려 있었으므로 취업준비가 요즈음처럼 고달프지는 않았다. 웬만한 대학만 나와도 들어갈 자리가 많았고, 하늘에 별 따기라는 공무원이나 교사 자리도 흔해서 잠시 근무하다가 대기업으로 옮겨가는 사례도 흔했다.

그러나 대학들이 모집 정원을 늘이고 그에 비례하여 졸업생들도 기하급수적으로 늘어나자 사정은 급변했다. 해마다 미취업자가 늘어나기 시작한 것이다. 물론 값싼 일자리들, 곧 힘들고(Difficult), 더럽고(Dirty),

위험한(Dangerous) 3D 업종은 그런대로 일자리가 널려 있으나 대학까지 졸업한 자칭 고급인력들이 그런 저급한 일자리를 눈여겨볼 까닭이 없었다. 그렇다고 3D 업종에 종사할 노동력도 없어서는 안 되므로, 정부는 궁여지책으로 외국인 노동자의 유입을 허용해왔다. 그 결과 현재는 그 수가 무려 100만 명을 상회했다는 소식이 들린다. 우리 젊은이들 가운데도 간간이 힘든 곳에서 일하겠다는 쪽도 있을 테지만, 그들마저도 일자리 구하기가 힘든 세상이 되고 말았다.

"지탱할 가지 하나 지니지 못했지만/ 하늘 향해 우뚝이 서본 적 없었지만" 이라는 진술이나, "가파른 창살 위를 발끝으로 기어올라/ 슬픔마저 쏟아내고 배경으로 걸린 푸른 꿈" 같은 진술도 취업준비생의 고달픔을 그대로 대변한 말에 다름 아니다. 축복과 희망에 넘쳐야 할 젊은이들이 어쩌다 이 지경이 되었는가. 직장 없이 장가도 못 간 채 몇 년째 취업준비나 하고 있는 우리네 사랑하는 피붙이들! 시인은 지금 이들에게 한없는 연민의 정을 금할 수가 없는 것이다.

> 저토록 너른 바다에
> 숨구멍 하나 없어
>
> 바닥깊이 박힌 삶이
> 턱까지 차오르면

호오이
바늘구멍 같은
천지 다시 뚫는다

—「호오이」 전문

이 작품은 해녀를 소재로 쓴 작품이다. 육지 태생으로서는 좀처럼 노래할 수 없는 대상에 포커스를 맞춘 셈이다. 제목인 '호오이'는 숨비소리의 음차音借로 해녀들이 물질을 할 때 깊은 바다 속에서 해산물을 캐다가 숨이 턱까지 차오르면 물 밖으로 나오면서 내뿜는 휘파람 소리이다.

해녀는 전 세계적으로 우리나라와 일본에만 분포되어 있는 여성만의 특수 직업이다. 어려서부터 바다에서 헤엄치기와 무자맥질을 배우다가 15, 16세에 이르면 비로소 독립된 해녀가 되는데, 그렇게 시작된 해녀생활은 대체로 60세 전후까지 이어진다고 한다. 이들은 수심 10m 이내의 얕은 바다에서 소라 · 전복 · 미역 · 톳 · 우뭇가사리 등을 채취하며 가족의 생계를 책임진다.

해녀의 물질은 일종의 극한 작업의 연속이다. "바닥 깊이 박힌 삶이/ 턱까지 차오르면// 호오이/ 바늘구멍 같은/ 천지 다시 뚫는다" 아무런 도구 하나도 없이 맨몸으로 물속에 들어가 인내 하나로 숨을 참으며 작업에 열중하는 해녀란 실로 고달프기 이를 데 없는 삶이라 하지 않을 수 없다.

그러나 요즈음은 이 해녀도 매우 드문 존재가 되어가고 있다고 한다. 직업이 다양해지고 생활이 어디 없이 윤택해지는 판에 어느 여성이 하필 힘든 물질을 자원해서 하려 하겠는가. 그러다 보니 젊은 해녀는 갈수록 드물어지고, 늙은 해녀들은 그 수가 해가 다르게 급감해 가니 이래저래 해녀도 소외된 직업이 된 지가 오래다. 시인이 아픈 사회는 병든 사회라는 말이 있어 왔지만, 이들을 향해서도 시인은 따스한 연민의 눈길을 차마 거두지 못한다.

4

이 글의 후반부는 여행길에 꽃핀 시심을 돌아보는 것으로 마무리하려 한다. 시인을 따라 걸으며 함께 그 설레는 감회들을 느껴보는 것도 좀 좋겠는가! 먼저 「노두길」부터 살펴보기로 하자.

마침내 저를 비워 바다가 길 열었다

누천년 바라만보다 화석으로 굳은 사연

걸어서 닿아야 하는 섬의 시간 잇는다

바람이 닦아내도 질펀하게 빠지는 삶

외발로 건너가는 별, 발자국이 뜨겁다

바다가 돌아오기 전 고쳐 신는 고무신

―「노두길」 전문

노두길은 섬과 육지, 섬과 섬 사이를 연결하기 위해 옛사람들이 직접 돌을 쌓아 만든 길을 일컫는다. 전국적으로 알려진 노두길은 화도노두길, 장선노두길, 제부도노두길 등이 있는데, 높이가 높지 않기 때문에 밀물이 들어오면 바다에 잠겨버리는 것이 특징이다.

시인이 걸어서 건넌 노두길은 "―증도에서"라는 부제가 붙어 있는 것으로 보아 십중팔구 면소재지가 있는 증도와 거기 딸린 섬 화도를 잇는 화도노두길인 듯하다. "마침내 저를 비워 바다가 길 열었다"는 내디딤이 경쾌하고 산뜻하다. 종장에 이 시집의 제목 "섬의 시간"이 없는 듯이 박혀 있는 것도 이채롭다.

이 작품에서 가장 빛나는 관주는 둘째 수 중장에 보이는 "외발로 건너가는 별"이다. 이 별은 주註가 밝히고 있는 대로 문준경 전도사이다. 그녀는 신안군 암태도 출신으로 1891년에 태어나 1928년 37세에 처음 신앙생활을 시작했고, 1935년 경성성서학원(서울신

대)을 졸업한 후 중동리교회를 개척했으며, 신안군의 많은 섬들을 다니며 복음을 전파했다. 1943년 일제의 신사참배를 거부하여 여러 차례 고문을 당했고, 1950년 6.25 전쟁 때는 인민군들에게 체포되어 목포에 압송되어 옥살이를 했으며, 같은 해 전쟁이 끝난 줄 알고 교인들을 돌보기 위해 중동리로 돌아갔다가 다시 인민군에게 잡혀 '새끼를 많이 깐 씨암탉'이란 죄명으로 60세에 총살형으로 순교殉教했다고 전해진다.

지금도 증도면의 마을마다 11개의 교회가 있고 섬사람 90% 이상이 기독교인으로 전국에서 가장 높은 복음화 비율을 보여주고 있는 것은 문준경 전도사의 순교에 말미암았음은 두말할 나위가 없다. 증도는 세월이 까마득히 흘렀으나 아직도 생생히 순교의 피가 배어 있는 감동의 현장이다. 같은 믿음을 가진 시인의 한 걸음 한 걸음 내딛는 발걸음이 어찌 뜨겁지 않겠는가!

매화 심어 달 부르면 탑도 슬몃 기울어

사각사각 먹 가는 소리 가슴마저 깊은 계곡

먼 귀를 씻는 물소리, 하산 길을 잡는다

꽃은 지고 달만 남아 끊어진 길 이었는지

산머리 천사구름이 꿈결인 듯 피어나고

신화의 책장을 넘기는 바람만 수척하다

―「설잠교에서」 전문

이번에는 매월당梅月堂 김시습金時習이 머물러 칩거했다는 용장계곡으로 가보자. 김시습은 주지하는 대로 5세에 세종 앞에 나아가 오세五歲라는 별호를 얻은 천재였다. 15세에 어머니를 여의고 삼년상을 치른 후 남효례의 딸과 혼인하였으나 원만한 가정을 꾸리지는 못했다. 어머니의 죽음이 인간의 무상함을 가져다 주었던 것이다. 21세에 수양대군 왕위찬탈 소식을 듣고 3일간 통곡을 하고 모든 책을 불사른 뒤 머리 깎고 승려가 되었다. 31세 때에 경주 남산인 금오산에 금오산실을 짓고 칩거하여 많은 한시와 금오신화를 썼는데 이때 사용한 호가 매월당이었다. 50대에 충청도 무량사에 들어 59세에 병사했다고 전해진다. 설잠雪岑은 그의 법호이다.

첫 수 초장 "매화 심어 달 부르면"은 김시습의 호 매월당梅月堂에서 따온 것이다. 중장 "사각사각 먹 가는 소리"는 한시에 한문소설까지 쓴 그가 먹과 벼루와 붓을 날마다 가까이했을 것으로 상정하고 한 말이다. 그리고 종장 "먼 귀를 씻는 물소리"는 용장계곡을 내려오며 시인이 실제로 듣는 계곡 물소리이다. 이 무렵 아마도 시인은 골똘히 생각에 잠겨 설잠교雪岑橋의 위쪽 입구에 들어서고 있었으리라.

둘째 수 초장 "꽃은 지고 달만 남아"는 첫 수 초장의 상황에서 시간의 추이推移에 따라 매화꽃은 지고 달만 남은 상황이다. 산머리 쪽을 보니 막 뭉게뭉게 피어나고 있는 흰 구름이 천사의 모습같이 보이는데, 바로 이때 산죽이파리 서로 부딪는 소리라도 들었는가, 시인은 문득 책을 든 김시습이 책장 넘기는 소리를 환청으로 듣는다. 설잠교가 막 길가 우거진 숲속으로 사라져가고 있었을 바로 그 무렵.

소리 없이 붉어지는 갈릴리 저녁바다

물결하나 일지 않고 제 가슴 다 태우더니

하얗게 일어서는 바다, 수평선이 풀린다

밤새 그물 던져도 가난했던 물의 시간

하늘이 흘러들어 그 바다 다 메우자

베드로 빈 배에 올라 그물 다시 던진다

—「갈릴리 물안개」 전문

자, 그럼 이제 끝으로 시인이 이스라엘 성지순례 때 쓴「갈릴리 물안개」를 보기로 하자.

첫 수는 시간의 순서에 따라 전개하고 있다. 초장에서 막 노을이 물들기 시작하는 저녁바다가, 중장에서 고요한 수면 그대로 붉게 제 가슴을 다 태우는 듯하더니, 종장에서 이윽고 노을이 다 스러지고 바람에 하얗게 물결이 일면서 어둠 속으로 희미하게 수평선이 잠기어 간다.

둘째 수는 시인이 예수님 지상사역 당시 물고기를 잡는 갈릴리 어부에서 사람을 낚는 어부로 부름 받았던 베드로를 상기하는 대목이다. 사람은 누구에게나 주님을 세 번이나 부인한 배신자 베드로의 마음이 있을 수 있다. 초장의 "밤새 그물 던져도 가난했던 물의 시간"은 제 열심만으로 주님께 다가서고자 하는 인간의 육신적 시도이다. 그러나 "하늘이 흘러드는" 중장은 인간에게는 반드시 하나님의 도움이 필요함을 보여준다. 그리하여 종장에서 베드로는 전적으로 주님께 모든 것을 의뢰하며 다시 힘을 내어 그물을 던지고 있다. 요한복음에서 에필로그라고 할 수 있는 21장을 보면, "요나의 아들 시몬아, 네가 이 사람들보다 나를 더 사랑하느냐?" 하고 세 번이나 같은 질문을 하고 베드로의 다짐을 들으신 후, "내 양들을 먹이라."는 사명을 다시 주심으로써 그의 수제자로서의 위치를 회복시키시는 장면이 나온다. 시인도 어쩌면 이 대목에서 자신의 신앙 상태를 돌아보며 베드로와 똑같은 다짐을 했는지도 모를 일이다.

5

이상으로 최재남 시집 『섬의 시간』을 피상적으로나마 살펴보았다. 한 권의 시집만 해도 보는 방향에 따라 그 모습이 달라지는 입체적 성격을 가지고 있다. 고작 열두 편을 가지고 이번 시집의 모든 것을 말했다고 할 수는 없다. 그러나 가능한 한 그 열두 편을 통해 시인의 사물을 바라보는 태도, 그것들에 대한 신념, 나아가 대상에 대한 소박하고 곡진한 마음의 씀씀이에 이르기까지 나름대로 최선을 다해 분석하고 진단해본 셈이다.

지면이 허락하면 시인의 언어 감각과 독특한 비유, 절묘한 감정이입 같은 면도 한두 단락을 더 설정해 자세히 살펴보았으면 했으나, 글을 쓰다 보니 어느새 분량이 차 버린 듯해서 이쯤에서 무딘 붓을 놓기로 한다.

문학을 한다는 것은 한평생을 가야 하는 인내의 길이다. 요는 끊임없이 시상을 떠올리고, 그것을 날마다 문자로 형상화하며, 또 그것들을 두고두고 다듬는 일이 제일 중요한 과정이다. 아무쪼록 지치지 말고 천천히 걸어 먼 곳에 이르는 큰 시인이기를 바라마지 않는다.

2021년 6월
형제봉 밑 송뢰헌松籟軒에서